TOUT DANS 1 PLAT

WOK ME UP !

TOUT DANS 1 PLAT

WOK ME UP !

Valéry Drouet
& photographies de Pierre-Louis Viel

LAROUSSE

SOMMAIRE

SPÉCIALE **amateur** de ♥ **poulet !**

... SUITE

Le COUP DE ♥

DEUX TROIS TRUCS À SAVOIR

Quelques règles élémentaires pour bien réussir vos cuissons dans un wok.

Il est préférable d'utiliser **un wok avec un fond parfaitement rond**, il en existe avec des fonds plus ou moins plats qui sont moins pratiques. Le fond rond vous permettra de bien faire sauter les aliments pendant la cuisson.

Commencez par **bien préparer les ingrédients**, tout doit être parfaitement prêt avant de commencer la cuisson et il est important que les aliments soient coupés fins, car la cuisson doit être rapide.

Faites chauffer votre wok sur un feu vif avec la matière grasse, cela doit commencer à fumer. Utilisez **une matière grasse qui supporte la chaleur forte** et qui ne brule pas rapidement. Évitez le beurre, sauf pour une recette sucrée.

Commencez par **cuire les aliments qui demandent une cuisson plus longue** puis débarrassez-les et faites cuire ensuite les aliments qui demandent une cuisson courte, avant de tout remettre dans votre wok.

L'esprit du wok est de **cuire rapidement et de remuer en permanence** les aliments pendant la cuisson. Une cuisson rapide et vive garde mieux les saveurs des aliments.

En cuisine et faites chauffer votre wok !

BŒUF thaï

LA RECETTE

1 Faites sauter le chou 3 à 4 min dans le wok avec la moitié de l'huile sur feu vif, salez, poivrez et réservez.

2 Saisissez le bœuf 2 à 3 min avec l'huile restante sur feu vif. Ajoutez l'ail, le gingembre, les piments et la sauce soja. Salez, poivrez, puis faites cuire 2 min sur feu vif en mélangeant.

3 Ajoutez le chou, faites sauter le tout 1 min sur feu vif, puis servez aussitôt.

POUR **4** PERSONNES

PRÉPARATION : 20 MIN
CUISSON : 10 MIN

Remplacez
le **chou blanc** par
du CHOU CHINOIS

LA RECETTE

1 Faites cuire les poivrons et l'oignon 6 à 8 min dans le wok avec l'huile.

2 Retirez les légumes du wok. Saisissez le bœuf 3 min sur feu vif. Salez, poivrez, puis ajoutez le gingembre râpé.

3 Remettez les légumes dans le wok. Ajoutez la sauce soja, mélangez et laissez cuire 2 min sur feu vif en remuant. Ajoutez la coriandre ciselée, mélangez et servez.

POUR 4 PERSONNES

PRÉPARATION : 20 MIN
CUISSON : 15 MIN

BŒUF À L'OIGNON et aux poivrons

VARIEZ les *couleurs* des poivrons pour égayer le **WOK**

BŒUF aux pois gourmands

LA RECETTE

1 Faites fondre l'oignon 5 min dans le wok avec l'huile sur feu moyen.

2 Ajoutez le bœuf et l'ail haché. Saisissez le tout 5 min sur feu vif en mélangeant, salez et poivrez.

3 Ajoutez les pois gourmands et la sauce huître. Faites sauter 4 à 5 min sur feu vif en mélangeant. Servez aussitôt.

POUR 4 PERSONNES

PRÉPARATION : 15 MIN
CUISSON : 15 MIN

Les **pois gourmands** *al dente* apportent du croquant à ce plat

BŒUF au poivre

LA RECETTE

1 Mélangez le bœuf avec le poivre et du sel. Faites sauter la julienne de poireau 1 min dans le wok avec la moitié de l'huile sur feu vif. Réservez.

2 Saisissez le bœuf au poivre 1 min dans le wok avec l'huile restante. Ajoutez l'ail, les tomates cerises et le poireau. Faites sauter le tout 2 min sur feu vif en remuant.

3 Ajoutez la coriandre ciselée et servez aussitôt.

POUR 4 PERSONNES

PRÉPARATION : 20 MIN
CUISSON : 5 MIN

Dégustez-le
avec une **sauce**
aigre-douce

BŒUF CITRONNÉ
aux petits oignons

LA RECETTE

1 Saisissez les oignons 5 à 6 min dans le wok avec la moitié de l'huile sur feu vif. Ajoutez les tomates cerises, salez et poivrez. Réservez.

2 Saisissez le bœuf 2 à 3 min dans le wok avec l'huile restante sur feu vif, salez et poivrez.

3 Ajoutez les légumes ainsi que le miel et le jus de citron. Faites sauter le tout 2 à 3 min sur feu vif en mélangeant. Parsemez de basilic ciselé et servez aussitôt.

POUR 4 PERSONNES

PRÉPARATION : 20 MIN

CUISSON : 10 MIN

Pour plus de
CROQUANT, ajoutez
2 c. à soupe de ***saté*** en fin de cuisson

LA RECETTE

1 Saisissez l'oignon 3 min dans le wok avec la moitié de l'huile sur feu vif. Ajoutez le concombre et les poivrons, salez et poivrez. Saisissez les légumes 2 min et réservez.

2 Saisissez le bœuf 2 à 3 min dans le wok avec l'huile restante. Salez, poivrez, ajoutez la sauce chili et mélangez 1 min sur feu vif.

3 Ajoutez les légumes et les nouilles, faites sauter le tout 3 min sur feu vif en mélangeant et servez aussitôt.

POUR 4 PERSONNES

PRÉPARATION : 20 MIN
CUISSON : 10 MIN

BŒUF au concombre

La fraîcheur
du concombre et
le piment de la SAUCE

BŒUF AU CURRY
et petits légumes

LA

1 Saisissez l'oignon 2 min dans le wok avec la moitié de l'huile sur feu vif. Ajoutez les carottes, les haricots, salez et poivrez. Faites cuire 3 min sur feu vif en mélangeant et réservez.

2 Saisissez le bœuf 2 à 3 min dans le wok avec l'huile restante. Ajoutez la pâte de curry et faites cuire 2 min sur feu vif en mélangeant.

3 Ajoutez les légumes et les cives, faites sauter le tout 2 min sur feu vif et servez aussitôt.

POUR 4 PERSONNES

PRÉPARATION : 20 MIN
CUISSON : 10 MIN

Également
DÉLICIEUX avec du VEAU

LA RECETTE

1 Saisissez le lard 3 à 4 min dans le wok avec l'huile sur feu vif. Baissez le feu et laissez cuire 5 min en remuant.

2 Ajoutez le saté, le miel, la pâte de curry, du sel et du poivre. Mélangez et faites sauter le tout 2 min sur feu vif.

3 Ajoutez le chou et les poivrons. Mélangez, faites cuire le tout 3 à 4 min sur feu vif en remuant (les légumes doivent rester croquants) et servez aussitôt.

POUR 4 PERSONNES

PRÉPARATION : 20 MIN

CUISSON : 15 MIN

LARD au saté

Remplacez le **SATÉ** par des ***cacahuètes***, **sucrées** et broyées

PORC au bambou

LA RECETTE

1 Saisissez le porc 6 à 8 min dans le wok avec l'huile sur feu moyen en remuant. Salez et poivrez.

2 Ajoutez les pousses de bambou, le miel et le jus de citron. Faites caraméliser 4 à 5 min sur feu moyen en mélangeant.

3 Ajoutez les nouilles et le gingembre, mélangez le tout 2 à 3 min sur feu vif et servez aussitôt.

POUR 4 PERSONNES

PRÉPARATION : 20 MIN

CUISSON : 15 MIN

Vous pouvez ajouter 5 cl de **sauce teriyaki** en même temps que le **MIEL**

FILET MIGNON et shiitakés caramélisés

1 Saisissez les shiitakés 3 min dans le wok avec l'huile sur feu moyen. Ajoutez les tomates et le chou, salez, poivrez et faites sauter le tout 3 min sur feu vif. Réservez.

2 Saisissez la viande 6 à 8 min dans le wok sur feu moyen, salez et poivrez. Ajoutez le miel et la sauce soja, puis laissez légèrement caraméliser.

3 Mettez les légumes dans le wok, faites sauter le tout 2 min sur feu vif. Parsemez de cives, mélangez et servez aussitôt.

POUR 4 PERSONNES

PRÉPARATION : 30 MIN
CUISSON : 15 MIN

VARIANTE :
remplacez les ***shiitakés***
par des **pleurotes**

PORC À L'ANANAS
et champignons

1 Saisissez le porc 6 à 8 min dans le wok avec l'huile sur feu moyen. Salez et poivrez.

2 Ajoutez l'ananas, les champignons, le gingembre râpé et le miel. Faites cuire le tout 5 min sur feu vif en remuant.

3 Ajoutez les cives, mélangez rapidement sur le feu et servez aussitôt.

POUR 4 PERSONNES

PRÉPARATION : 20 MIN
CUISSON : 15 MIN

UTILISEZ
de préférence
de l'ananas frais Victoria

LA RECETTE

1 Saisissez l'oignon 2 min dans le wok avec la moitié de l'huile sur feu vif. Ajoutez le chou, salez, poivrez, faites-le sauter 2 min sur feu vif et réservez.

2 Faites chauffer l'huile restante. Saisissez le porc 5 à 7 min sur feu vif en remuant. Salez et poivrez.

3 Ajoutez les graines de courge et le caramel et laissez cuire 3 à 4 min en remuant. Ajoutez les légumes, mélangez 1 min sur le feu et servez aussitôt.

POUR 4 PERSONNES

PRÉPARATION : 20 MIN
CUISSON : 15 MIN

PORC CARAMÉLISÉ

au chou

Remplacez
le CHOU VERT
par du chou curly

PORC, CIBOULE *et sésame*

LA RECETTE

1 Saisissez le porc 8 à 10 min dans le wok avec l'huile sur feu moyen en remuant. Salez et poivrez.

2 Ajoutez les cacahuètes hachées et le sirop d'érable, et laissez caraméliser 3 à 4 min sur feu vif en remuant.

3 Ajoutez les carottes et les cives, et faites sauter le tout 2 min sur feu vif en mélangeant. Parsemez de sésame et servez aussitôt.

POUR **4** PERSONNES

PRÉPARATION : 20 MIN
CUISSON : 15 MIN

Sucré-salé
avec le **PIQUANT**
du **sésame au wasabi** : DÉLICIEUX

PORC THAÏ à la citronnelle

LA RECETTE

1 Saisissez le porc 8 à 10 min dans le wok avec l'huile sur feu moyen. Salez et poivrez.

2 Ajoutez le gingembre râpé, le piment et la citronnelle, et laissez cuire 4 à 5 min sur feu moyen.

3 Ajoutez les nouilles et mélangez vivement sur feu vif. Parsemez de basilic ciselé, mélangez et servez aussitôt.

POUR 4 PERSONNES

PRÉPARATION : 20 MIN
CUISSON : 15 MIN

UTILISEZ de **préférence** du ***basilic thaï***

PORC, RIZ FRIT et pois gourmands

LA RECETTE

1 Saisissez l'échine de porc dans le wok avec l'huile de tournesol. Salez et poivrez, puis laissez roussir la viande 10 min sur feu moyen en remuant.

2 Versez le miel et laissez caraméliser 5 min sur feu moyen. Ajoutez le riz et le mélange de 5-épices. Laissez cuire encore 6 à 8 min sur feu vif en mélangeant.

3 Ajoutez les pois gourmands et l'huile de sésame, mélangez rapidement sur feu vif et servez aussitôt.

POUR 4 PERSONNES

PRÉPARATION : 15 MIN

CUISSON : 25 MIN

Ajoutez 150 g
d'**ANANAS** en cubes
pour accentuer ***le sucré-salé***

LA RECETTE

1 Saisissez le poulet 3 min dans le wok avec l'huile. Salez et poivrez.

2 Ajoutez l'oignon et les pignons, laissez cuire 3 à 4 min sur feu vif en remuant. Ajoutez le jus de citron et la sauce chili, puis laissez rissoler 1 min sur feu vif en mélangeant.

3 Ajoutez les brocolis, mélangez délicatement et servez aussitôt.

POUR 4 PERSONNES

PRÉPARATION : 15 MIN
CUISSON : 10 MIN

Remplacez
les **PIGNONS**
par des ***amandes*** effilées

POULET ET POIVRONS
au curry rouge

LA RECETTE

1 Faites sauter les poivrons et l'oignon 5 min dans le wok avec l'huile sur feu moyen, salez et poivrez. Réservez.

2 Faites cuire les morceaux de poulet 5 à 6 min dans le wok sur feu vif. Ajoutez la pâte de curry, laissez roussir 1 min, versez le lait de coco, salez et poivrez. Faites réduire 3 min sur feu vif.

3 Mettez les poivrons et l'oignon dans le wok, faites sauter le tout 1 à 2 min sur feu vif en mélangeant et servez aussitôt.

POUR 4 PERSONNES

PRÉPARATION : 20 MIN
CUISSON : 20 MIN

À décliner

avec des **pâtes** de **CURRY** verte ou jaune

1 Saisissez le poulet 5 min dans le wok avec l'huile sur feu vif en remuant. Salez et poivrez.

2 Ajoutez le piment, les cacahuètes hachées, le vinaigre et le miel. Faites caraméliser 4 à 5 min sur feu vif en remuant.

3 Ajoutez les pousses d'épinards et faites cuire le tout 3 min sur feu vif en mélangeant. Salez légèrement et servez aussitôt.

POUR 4 PERSONNES

PRÉPARATION : 20 MIN
CUISSON : 15 MIN

POULET AUX ÉPINARDS
et cacahuètes

AJOUTEZ
des pousses de **soja**
en même temps que les ***épinards***

MAGRETS à l'orange

LA RECETTE

1 Saisissez les magrets 5 à 6 min dans le wok sur feu vif. Salez et poivrez.

2 Versez le miel et laissez légèrement caraméliser. Ajoutez le jus d'orange et la sauce soja, et laissez cuire 3 à 4 min sur feu vif en remuant.

3 Ajoutez les pois gourmands, les asperges et le piment. Faites sauter le tout 2 à 3 min dans le wok sur feu vif et servez aussitôt.

POUR 4 PERSONNES

PRÉPARATION : 30 MIN

CUISSON : 15 MIN

Ajoutez
les zestes de
L'ORANGE avec
le jus pour plus de goût

CANARD AU MIEL
et à la menthe

1 Faites cuire les carottes 6 à 8 min dans le wok avec la moitié de l'huile sur feu moyen. Salez, poivrez, ajoutez les oignons et laissez cuire 3 min. Réservez.

2 Saisissez le canard 4 à 5 min dans le wok avec l'huile restante sur feu vif, salez et poivrez.

3 Ajoutez les légumes, le miel et les vermicelles. Faites sauter le tout 3 min sur feu vif en mélangeant. Ajoutez la menthe ciselée, mélangez et servez aussitôt.

POUR 4 PERSONNES

PRÉPARATION : 20 MIN
CUISSON : 20 MIN

REMPLACEZ
la menthe par du
basilic ou de la coriandre

MAGRETS CARAMÉLISÉS au gingembre

LA RECETTE

1 Saisissez le magret 4 à 5 min sur feu vif dans le wok, salez et poivrez.

2 Ajoutez les carottes, le chou, le gingembre râpé et les amandes. Faites sauter le tout 3 à 4 min sur feu vif en remuant.

3 Nappez de miel, mélangez sur feu vif pendant 2 min pour caraméliser légèrement le tout. Parsemez de coriandre ciselée et servez aussitôt.

POUR 4 PERSONNES

PRÉPARATION : 20 MIN

CUISSON : 10 MIN

Remplacez
les **AMANDES**
par des ***cacahuètes salées***

DORADE aigre-douce

LA RECETTE

1 Faites cuire les carottes 5 min dans le wok avec la moitié de l'huile sur feu moyen. Ajoutez les oignons, salez, poivrez, laissez cuire 5 min et réservez.

2 Saisissez la dorade 2 min sur feu vif dans le wok avec l'huile restante, salez et poivrez.

3 Remettez les légumes dans le wok, ajoutez le vinaigre de riz, la sauce aigre-douce, et faites sauter le tout 1 min sur feu vif. Ajoutez le basilic ciselé et servez aussitôt.

POUR 4 PERSONNES

PRÉPARATION : 30 MIN
CUISSON : 15 MIN

Remplacez
la ***dorade*** par du **BAR**

CABILLAUD *aux épices*

LA RECETTE

1 Faites fondre l'oignon 3 min dans le wok avec l'huile. Ajoutez les courgettes, du sel et du poivre, et laissez cuire 3 à 4 min sur feu vif. Réservez.

2 Saisissez le cabillaud 3 min sur feu vif en remuant, salez et poivrez.

3 Remettez les légumes dans le wok, ajoutez les épices et saisissez le tout 2 min sur feu vif en mélangeant délicatement. Parsemez de cive et servez aussitôt.

POUR 4 PERSONNES

PRÉPARATION : 20 MIN
CUISSON : 10 MIN

Remplacez
les **épices massala**
par du **curry** ou de
la ***pâte de curry jaune***

LA RECETTE

1 Saisissez les anneaux de calamar 3 à 4 min dans le wok avec l'huile sur feu vif, salez et poivrez. Réservez dans une passoire.

2 Faites fondre l'oignon 3 min dans le wok sur feu vif. Ajoutez les tomates cerises, salez et poivrez.

3 Mettez les anneaux de calamar dans le wok et faites sauter le tout 2 à 3 min sur feu vif en remuant. Ajoutez le persil ciselé et le zeste du combawa. Mélangez et servez aussitôt.

POUR 4 PERSONNES

PRÉPARATION : 15 MIN
CUISSON : 10 MIN

CALAMAR À L'OIGNON et au combawa

Remplacez
le *combawa* par
du **CITRON VERT**

LOTTE AUX PETITS POIS
et au lard

LA RECETTE

1 Mettez la lotte à cuire 2 à 3 min dans le wok avec l'huile sur feu vif. Salez, poivrez et réservez.

2 Saisissez les lardons 4 à 5 min dans le wok sur feu moyen. Ajoutez l'oignon, faites cuire encore 2 min, ajoutez le miel et le vinaigre, et laissez cuire 1 à 2 min sur feu vif.

3 Mettez les morceaux de lotte et les petits pois dans le wok, faites sauter le tout 2 min sur feu vif, puis servez aussitôt.

POUR 4 PERSONNES

PRÉPARATION : 20 MIN
CUISSON : 15 MIN

DÉLICIEUX
avec des petits pois
frais en saison

LA RECETTE

COQUILLAGES à la pâte de galanga

1 Faites sauter les coquillages surgelés 5 min dans le wok avec l'huile sur feu vif. Salez, poivrez et réservez dans une passoire.

2 Mettez les poivrons et l'oignon à cuire 3 à 4 min dans le wok sur feu moyen, salez et poivrez.

3 Ajoutez les coquillages égouttés dans le wok avec la pâte de galanga et le lait de coco. Faites sauter le tout 4 à 5 min sur feu vif en remuant. Parsemez de persil ciselé, mélangez et servez aussitôt.

POUR 4 PERSONNES

PRÉPARATION : 20 MIN
CUISSON : 15 MIN

REMPLACEZ
le *galanga* par de
la pâte de gingembre

PALOURDES
à la pâte de piment

LA RECETTE

1 Faites chauffer l'huile dans le wok sur feu vif. Saisissez les palourdes et l'oignon 3 min sur feu vif en remuant.

2 Versez le vin blanc et la pâte de piment, et poivrez généreusement. Mélangez et laissez cuire 4 à 5 min sur feu vif en remuant jusqu'à ce que les palourdes se soient ouvertes.

3 Ajoutez le persil ciselé, mélangez et servez aussitôt.

POUR 4 PERSONNES

PRÉPARATION : 15 MIN

CUISSON : 10 MIN

Il est préférable
de réaliser cette *recette*
en deux fois, **à cause du VOLUME**

CREVETTES ET CHOU
à la grenade

POUR 4 PERSONNES

PRÉPARATION : 30 MIN
CUISSON : 10 MIN

LA RECETTE

1 Saisissez le chou et la courgette 3 à 4 min dans le wok avec l'huile sur feu vif. Salez, poivrez et réservez.

2 Saisissez les crevettes 3 min dans le wok sur feu vif. Ajoutez la pâte de curry et le lait de coco, et laissez réduire 3 min.

3 Rajoutez les légumes et faites sauter le tout 2 min en mélangeant. Ajoutez les graines de grenade et servez aussitôt.

ESSAYEZ
aussi en remplaçant
les crevettes par des **gambas**

CREVETTES ET MANGUE

au pak choï

LA RECETTE

1 Saisissez les crevettes et l'oignon 3 à 4 min dans le wok avec l'huile sur feu vif.

2 Ajoutez la pâte de curry et le gingembre râpé, et laissez roussir 2 min sur feu vif.

3 Ajoutez le pak choï et la mangue, salez et faites sauter le tout 3 min sur feu vif en remuant. Servez aussitôt.

POUR **4** PERSONNES

PRÉPARATION : 20 MIN
CUISSON : 10 MIN

Remplacez la pâte de curry par **10 cl de LAIT DE COCO**

1 Faites fondre l'oignon 2 min dans le wok avec l'huile sur feu vif. Ajoutez le céleri, salez, poivrez, faites cuire 3 min en remuant et réservez.

2 Faites griller le crabe 3 min dans le wok sur feu vif. Ajoutez la pâte de curry et laissez roussir. Versez le lait de coco, salez et poivrez.

3 Mettez dans le wok les légumes et les quartiers de tomates. Faites cuire le tout 3 min sur feu vif et servez aussitôt.

POUR 4 PERSONNES

PRÉPARATION : 20 MIN
CUISSON : 10 MIN

DÉLICIEUX
avec un
riz grillé

CREVETTES
et nouilles au thé vert

LA RECETTE

1 Faites cuire les poivrons et l'oignon 5 min dans le wok avec l'huile sur feu moyen. Salez, poivrez et réservez.

2 Mettez les crevettes et les noix de cajou concassées à griller 3 min dans le wok sur feu vif. Saupoudrez-les de thé vert et faites-les roussir 1 min sur feu vif en remuant.

3 Mettez les légumes et les nouilles dans le wok, faites sauter le tout 2 à 3 min sur feu vif et servez aussitôt.

POUR 4 PERSONNES

PRÉPARATION : 20 MIN
CUISSON : 10 MIN

un PLAT complet,
croquant et parfumé

FENOUIL ET GAMBAS
à l'ail et au gingembre

LA RECETTE

1 Saisissez le fenouil et le poivron 5 min dans le wok avec la moitié de l'huile sur feu moyen. Salez, poivrez et réservez.

2 Augmentez le feu et saisissez les queues de gambas 2 min avec l'huile restante. Salez, poivrez, ajoutez l'ail haché et le gingembre râpé, et mélangez.

3 Ajoutez les légumes dans le wok, faites sauter le tout 1 min sur feu vif, ajoutez les cives émincées et servez aussitôt.

POUR 4 PERSONNES

PRÉPARATION : 20 MIN
CUISSON : 10 MIN

Ajoutez 20 g
de ***graines de fenouil***
en même temps que ***les gambas***

CURRY DE LÉGUMES
aux graines

1 Faites fondre l'oignon 2 min dans le wok avec l'huile sur feu vif. Ajoutez la courgette et l'aubergine. Salez, poivrez et laissez cuire 6 à 8 min sur feu vif en remuant.

2 Ajoutez la pâte de curry et les graines, mélangez et laissez roussir 2 à 3 min sur feu vif en remuant.

3 Ajoutez le lait de coco, baissez légèrement le feu, laissez cuire 6 à 8 min et servez aussitôt.

POUR 4 PERSONNES

PRÉPARATION : 20 MIN
CUISSON : 15 MIN

AJOUTEZ
2 c. à soupe de **cubes**
de ***tomate fraîche*** en fin de cuisson

LA RECETTE

1 Faites griller le riz 5 min dans le wok avec l'huile sur feu vif.

2 Ajoutez l'omelette, les petits pois, les tomates, salez et poivrez. Faites sauter le tout 3 à 4 min sur feu vif en mélangeant.

3 Ajoutez les algues, mélangez et servez aussitôt.

POUR 4 PERSONNES

PRÉPARATION : 30 MIN

CUISSON : 10 MIN

RIZ CANTONAIS aux algues

Vous pouvez ajouter **100 g** de **JAMBON** émincé ***en fin de cuisson***

RIZ GRILLÉ
aux brocolis et au soja

LA RECETTE

1 Faites fondre l'oignon 3 min dans le wok avec l'huile sur feu moyen. Ajoutez les germes de soja, salez et poivrez. Laissez cuire 3 min sur feu vif, puis ajoutez les brocolis. Mélangez délicatement et réservez.

2 Mettez le riz dans le wok, salez, poivrez et faites-le griller 5 min sur feu vif en remuant.

3 Rajoutez les légumes dans le wok et mélangez 2 min sur feu vif. Parsemez de cives et servez aussitôt.

POUR 4 PERSONNES

PRÉPARATION : 15 MIN

CUISSON : 15 MIN

AJOUTEZ
1 c. à café de **cardamome**
en poudre ***en faisant griller le riz***

PAK CHOÏ
et nouilles aux shiitakés

LA RECETTE

1 Faites cuire les shiitakés 3 à 4 min dans le wok avec l'huile sur feu moyen. Ajoutez les poivrons et laissez cuire 3 min.

2 Ajoutez les pak choï, laissez cuire 2 min sur feu vif en remuant, salez et poivrez.

3 Ajoutez les nouilles, les cives et la sauce teriyaki, faites sauter le tout 3 min sur feu vif en remuant et servez aussitôt.

POUR 4 PERSONNES

PRÉPARATION : 15 MIN

CUISSON : 10 MIN

AJOUTEZ
des crevettes
pour un plat complet

PLEUROTES
et pois gourmands

LA RECETTE

1 Saisissez l'oignon 2 min dans le wok avec l'huile sur feu vif. Ajoutez les pleurotes, salez et poivrez, puis laissez cuire 4 à 5 min en remuant.

2 Ajoutez les cacahuètes hachées et laissez-les griller 1 min. Ajoutez les pois gourmands et mélangez.

3 Versez la sauce soja, mélangez 2 à 3 min sur feu vif et servez aussitôt.

POUR 4 PERSONNES

PRÉPARATION : 20 MIN
CUISSON : 10 MIN

DÉLICIEUX
pour accompagner
une viande blanche

SOJA ET POIVRONS
au piment

LA RECETTE

1 Faites sauter les poivrons 5 min dans le wok avec l'huile sur feu vif en remuant.

2 Ajoutez les pousses de soja, la moitié du piment et les graines de lin. Salez, poivrez et faites sauter le tout 3 min sur feu vif.

3 Saupoudrez les légumes de sucre et du piment restant. Versez le vinaigre de riz et faites sauter le tout 3 min sur feu vif en remuant sans cesse. Servez aussitôt.

POUR 4 PERSONNES

PRÉPARATION : 15 MIN

CUISSON : 10 MIN

Utilisez
des POUSSES
de soja fraîches
pour plus de croquant

CHOU ROUGE *au tofu*

LA RECETTE

1 Saisissez les oignons 3 à 4 min dans le wok avec la moitié de l'huile sur feu vif. Ajoutez le tofu, les raisins secs, le sésame, salez et poivrez. Faites cuire 3 à 4 min sur feu vif et réservez.

2 Faites cuire le chou 4 à 5 min avec l'huile restante sur feu vif en remuant, salez et poivrez.

3 Ajoutez la garniture. Versez le jus d'orange, faites cuire le tout 3 min sur feu vif en remuant et servez aussitôt.

POUR 4 PERSONNES

PRÉPARATION : 25 MIN

CUISSON : 15 MIN

Remplacez
le **chou rouge**
par du **chou blanc**

LA RECETTE

1 Faites fondre le beurre dans le wok. Faites-y dorer l'ananas 5 min sur feu vif en remuant.

2 Ajoutez la mangue, le sésame et le miel. Faites sauter le tout 3 min sur feu vif en mélangeant.

3 Émiettez les sablés sur les fruits caramélisés, mélangez rapidement et servez aussitôt.

POUR 4 PERSONNES

PRÉPARATION : 20 MIN
CUISSON : 10 MIN

ANANAS ET MANGUE au sésame noir

Délicieux
avec une *boule*
de GLACE vanille
ou rhum-raisin

MES PETITES
listes de courses

P. 8

Bœuf thaï

500 g de rumsteck
400 g de chou blanc
2 piments rouge et vert
2 cm de gingembre frais
3 gousses d'ail
8 cl de sauce soja sucrée
5 cl d'huile de tournesol

P. 10

Bœuf à l'oignon et aux poivrons

500 g de rumsteck
1 gros oignon rouge
2 poivrons rouges
2 cm de racine de gingembre
3 branches de coriandre
5 cl d'huile
8 cl de sauce soja sucrée

P. 12

Bœuf aux pois gourmands

500 g de rumsteck
300 g de pois gourmands
1 oignon jaune
3 gousses d'ail
4 c. à soupe de sauce huître
5 cl d'huile

P. 14

Bœuf au poivre

500 g de bœuf
2 blancs de poireaux
150 g de tomates cerises
3 gousses d'ail
4 branches de coriandre
5 cl d'huile de tournesol

P. 16

Bœuf citronné aux petits oignons

500 g de rumsteck
16 oignons nouveaux
100 g de tomates cerises
5 cl de jus de citron vert
2 c. à soupe de miel liquide
10 feuilles de basilic
5 cl d'huile de tournesol

P. 18

Bœuf au concombre

400 g de rumsteck
1/2 concombre
1 oignon
2 petits poivrons jaunes doux
150 g de nouilles chinoises
10 cl de sauce chili aigre-douce
5 cl d'huile de tournesol

P. 20

Bœuf au curry et petits légumes

400 g de rumsteck
150 g de carottes
200 g de haricots verts
1 gros oignon rouge
2 c. à soupe de pâte de curry vert
2 cives
5 cl d'huile de tournesol

P. 22

Lard au saté

6 tranches de lard salé épaisses
2 choux pack choï
2 petits poivrons jaunes doux
2 c. à soupe de saté
1 c. à soupe de miel liquide
5 cl d'huile de tournesol
1 grosse c. à soupe de pâte de curry jaune

Suite

P. 24

Porc au bambou

400 g d'échine de porc
200 g de nouilles chinoises
200 g de pousses de bambou
2 cm de racine de gingembre
5 cl de jus de citron vert
2 c. à soupe de miel liquide
5 cl d'huile d'olive

P. 26

Filet mignon et shiitakés caramélisés

500 g de filet mignon
250 g de chou chinois
250 g de shiitakés
3 cives d'oignons rouges
120 g de tomates cerises
2 c. à soupe de miel liquide
5 cl de sauce soja sucrée
5 cl d'huile d'olive

P. 28

Porc à l'ananas et champignons

400 g d'échine de porc
200 g d'ananas
20 g de champignons noirs déshydratés
2 cm de racine de gingembre
2 c. à soupe de miel liquide
2 cives d'oignons rouges
5 cl d'huile d'olive

P. 30

Porc caramélisé au chou

400 g d'échine de porc
250 g de chou vert
1 oignon rouge
30 g de graines de courge
10 cl de caramel liquide
5 cl d'huile d'olive

P. 32

Porc, ciboule et sésame

400 g d'échine de porc
2 carottes
6 ciboules
5 cl de sirop d'érable
2 grosses c. à soupe de graines de sésame au wasabi
100 g de cacahuètes
5 cl d'huile d'olive

P. 34

Porc thaï à la citronnelle

400 g d'échine de porc
1 piment rouge
200 g de nouilles chinoises
2 cm de racine de gingembre
10 feuilles de basilic
1/2 bâton de citronnelle
5 cl d'huile d'olive

P. 36

Porc, riz frit et pois gourmands

500 g d'échine de porc
140 g de riz thaï
150 g de pois gourmands
1 c. à soupe de 5-épices
2 c. à soupe de miel liquide
5 cl d'huile de tournesol
5 cl d'huile de sésame

P. 38

Poulet citronné, brocolis et pignons

400 g de blanc de poulet
80 g de pignons de pin
1 oignon jaune
300 g de brocolis
8 cl de jus de citron jaune
10 cl de sauce Chili aigre-douce
5 cl d'huile d'olive

P. 40

Poulet et poivrons au curry rouge

400 g de blancs de poulet
3 poivrons rouge, vert et jaune
2 grosses c. à soupe de pâte de curry rouge
1 oignon rouge
15 cl de lait de coco
5 cl d'huile d'olive

P. 42

Poulet aux épinards et cacahuètes

400 g de blanc de poulet
200 g de pousses d'épinards
1 piment rouge
80 g de cacahuètes
5 cl de vinaigre de riz
2 c. à soupe de miel liquide
5 cl d'huile d'olive

P. 44

Magrets à l'orange

2 magrets
8 asperges vertes
250 g de pois gourmands
1 petit piment rouge
2 c. à soupe de miel liquide
10 cl de jus d'orange
5 cl de sauce soja sucrée

P. 46

Canard au soja et à la menthe

12 aiguillettes de canard
150 g de vermicelles chinoises
200 g de carottes
2 oignons frais rouges
2 c. à soupe de miel liquide
10 feuilles de menthe
5 cl d'huile de tournesol

P. 48

Magret caramélisé au gingembre

2 magrets
200 g de carottes
200 g de chou blanc
2 cm de gingembre frais
2 c. à soupe de miel liquide
80 g d'amandes entières émondées
2 branches de coriandre

P. 50

Dorade aigre-douce

4 filets de dorade
12 oignons nouveaux
2 carottes
10 feuilles de basilic
5 cl de vinaigre de riz
2 c. à soupe de sauce aigre-douce au piment
5 cl d'huile d'olive

P. 52

Cabillaud aux épices

600 g de dos de cabillaud
2 courgettes
1 c. à soupe d'épices Massale
1 oignon rouge
3 cives d'oignon
5 cl de vinaigre de riz
5 cl d'huile d'olive

P. 54

Calamar à l'oignon et au combawa

600 g d'anneaux de calamars
1 oignon rouge
100 g de tomates cerises jaunes
4 branches de persil plat
1 combawa
5 cl d'huile d'olive

Suite

P. 56

Lotte aux petits pois et au lard

600 g de filet de lotte
300 g de petits pois
1 oignon rouge
2 tranches de lard salé épaisses
1 c. à soupe de miel liquide
5 cl de vinaigre de xérès
5 cl d'huile d'olive

P. 58

Coquillages à la pâte de galanga

1 kg de mélange de coquillages surgelés
4 petits poivrons doux rouges et jaunes
1 c. à soupe de pâte de galanga
1 oignon rouge
10 cl de lait de coco
3 banches de persil plat
5 cl d'huile d'olive

P. 60

Palourdes à la pâte de piment

2 kg de palourdes
1 gros bouquet de persil
1 oignon rouge
1 c. à soupe de pâte de piment
5 cl de vin blanc
5 cl d'huile d'olive

P. 62

Crevettes et chou à la grenade

500 g de crevettes roses
400 g de chou chinois
1 courgette jaune
1/2 grenade
2 c. à soupe de pâte de curry rouge
15 cl de lait de coco
5 cl d'huile d'olive

P. 64

Crevettes et mangue au pak choï

24 grosses crevettes
2 petits choux pak choï
200 g de mangue
2 c. à soupe de pâte de curry rouge
1 oignon rouge
2 cm de gingembre
5 cl d'huile d'olive

P. 66

Crevettes et nouilles au thé vert

24 grosses crevettes roses
2 poivrons jaunes
200 g de nouilles chinoises
1 oignon jaune
80 g de noix de cajou
1 c. à soupe rase de thé vert en poudre
5 cl d'huile d'olive

P. 68

Crevettes et nouilles au thé vert

24 grosses crevettes roses décortiquées
2 poivrons jaunes
200 g de nouilles chinoises cuites
1 oignon jaune
80 g de noix de cajou
1 c. à soupe rase de thé vert en poudre
5 cl d'huile d'olive

P. 70

Fenouil et gambas à l'ail et au gingembre

1 gros bulbe de fenouil
24 gambas
1 poivron rouge
2 cm de racine de gingembre
3 gousses d'ail
5 cl d'huile d'olive
3 cives d'oignon rouge

P. 72

Curry de légumes aux graines

300 g de courgette
150 g d'aubergine
1 gros oignon
2 c. à soupe de pâte de curry jaune
10 cl de lait de coco
2 c. à soupe de graines de lin
8 cl d'huile d'olive

P. 74

Riz cantonais aux algues

150 g de riz basmati
200 g d'omelette
16 tomates cerises
200 g de petits pois
2 feuilles d'algues nori
5 cl d'huile d'olive

P. 76

Riz grillé aux brocolis et au soja

160 g de riz long
300 g de brocolis
200 g de germes de soja
1 oignon rouge
3 cives d'oignon
5 cl d'huile d'olive

P. 78

Pak choï et nouilles aux shiitakés

2 petits choux pak choï
200 g de nouilles chinoises
2 petits poivrons doux rouge et jaune
250 g de shiitakés
2 cives d'oignons
10 cl de sauce teriyaki
5 cl d'huile de tournesol

P. 80

Pleurotes et pois gourmands

250 g de pleurotes
250 g de pois gourmands
1 gros oignon
80 g de cacahuètes
8 cl de sauce soja sucrée
5 cl d'huile d'olive

P. 82

Soja et poivrons au piment

3 poivrons de couleurs
250 g de pousses de soja
1 c. à soupe de piment doux en poudre
8 cl de vinaigre de riz
1 c. à soupe de sucre
2 c. à soupe de graines de lin
5 cl d'huile de tournesol

P. 84

Chou rouge au tofu

250 g de chou rouge
200 g de tofu
12 petits oignons
60 g de raisins blonds secs
2 c. à soupe de graines de sésame
le jus d'1 orange
5 cl d'huile d'olive

P. 86

Ananas et mangue au sésame noir

400 g d'ananas Victoria
250 g de mangues
30 g de beurre
2 grosses c. à soupe de miel liquide
2 c. à soupe de sésame noir
6 sablés coco

Index

TABLE DES ÉQUIVALENCES FRANCE-CANADA

Poids

55 g	2 onces	200 g	7 onces	500 g	17 onces
100 g	3 onces	250 g	9 onces	750 g	26 onces
150 g	5 onces	300 g	10 onces	1 kg	35 onces

Ces équivalences permettent de calculer le poids
à quelques grammes près (en réalité, 1 once = 28 g).

Capacités

25 cl	1 tasse	75 cl	3 tasses
50 cl	2 tasses	1 l	4 tasses

Pour faciliter la mesure des capacités, une tasse équivaut ici
à 25 cl (en réalité, 1 tasse = 8 onces = 23 cl).

Crédits des pictos :
© Shutterstock : Christos Georghiou : p. 5, 51, 75, 81 ;
notkoo : p. 9, 13, 15, 17, 21, 23, 35, 39, 45, 47, 49, 53, 69, 71, 79, 83 ;
KsanaGraphica : p. 11, 19, 27, 31, 57, 73, 85 ; Marish : p. 25, 29, 63, 67, 87 ;
Kapreski : p. 33, 43, 55, 59, 61, 65 ; AtthameeNi : p. 37.

Direction de la publication :
Isabelle Jeuge-Maynart et Ghislaine Stora
Direction éditoriale : Agnès Busière et Émilie Franc
Édition : Marion Dellapina
Conception graphique intérieur et couverture : Émilie Laudrin
Couverture : Véronique Laporte
Mise en page : Caroline Rimbault
Fabrication : Donia Faiz

ISBN : 978-2-03-592994-5

Photogravure : IGS-CP, 16 L'Isle d'Espagnac
Imprimé en Espagne par Estella Graficas
318199/03 – 11038673 – mars 2018
Dépôt légal : juin 2016